NÃO ESTAMOS SÓS

Do mesmo autor

Série
Livros de Bolso

A Luz dentro de Ti

✧

Portal para um Reino

✧

Não Estamos Sós

✧

Ventos do Espírito

✧

O Encontro do Templo

✧

A Paz Existe

✧

Caminho sem Sombras

nesta Editora

Vide obra completa de Trigueirinho à página 91.

Trigueirinho

NÃO ESTAMOS SÓS

Editora Pensamento
São Paulo

Foto da capa:
"SUBLIME JORNADA", de Larama

Ilustrações internas:
Artur de Paula Carvalho

O primeiro número à esquerda indica a edição, ou reedição, desta obra. A primeira
Dezena à direita indica o ano em que esta edição, ou reedição foi publicada.

Edição	Ano
3-4-5-6-7-8-9-10-11-12	06-07-08-09-10-11-12

EDITORA PENSAMENTO-CULTRIX LTDA.
Rua Dr. Mário Vicente, 368 – 04270-000 – São Paulo, SP
Fone: 6166-9000 – Fax: 6166-9008
E-MAIL: pensamento@cultrix.com.br

http://www.pensamento-cultrix.com.br

Impresso em nossas oficinas gráficas.

Ouviste o chamado?
Responde, pois, à altura do que
te está sendo oferecido.

Sumário

Ao leitor

O espírito fala-nos com o saber eterno e não com conhecimentos fortuitos, que passam e mudam, sem nada de profundo acrescentar. Fala-nos do que é válido sempre, independentemente das circunstâncias, e do que é considerado aplicável ou inútil em situações específicas.

Instruções espirituais precisas e claras são necessárias em todos os tempos, em especial naqueles de dificuldades extremas. Chegará a hora em que as bases do próprio modo de viver desta civilização acabarão de ruir e em que surgirão abertamente ajudas inesperadas do Alto. Sem dúvidas e sem necessidade de comprovações, manifestações de mundos suprafísicos serão vistas nos céus, e alguns saberão que se trata da Hierarquia espiritual do universo a nos acolher.

Embora o relacionamento com os seres divinos que compõem a Hierarquia não esteja amadurecido na humanidade em geral, isso não a impedirá de receber ajuda, pois a Lei do Amor é a que rege as tarefas dessa grande Irmandade. Contudo, nesses momentos finais, forças involutivas tentarão utilizar e desviar mesmo os que há muito se encontram no caminho espiritual. Procurarão retê-los sobretudo nas ilusões emocionais e nos preconceitos mentais. Por isso é recomendável elevar e purificar desejos, sentimentos, intenções, pensamentos, e também a devoção, criando desse modo uma base propícia para atuação mais ampla dos Irmãos Maiores.

NÃO ESTAMOS SÓS foi composto de trechos cuidadosamente selecionados de dois livros de nossa autoria: A CRIAÇÃO e SEGREDOS DESVELADOS. Esparsos por esses livros havia pensamentos inspiradores, que convidavam de modo especial ao recolhimento e ao silêncio interior. Procuramos reapresentá-los em nova síntese aos grupos de oração, de reflexão e de serviço.

Informações como as reunidas aqui fazem-se notar, de diferentes maneiras, no trabalho de muitos grupos espirituais de hoje. Dentro das possibilidades de cada um e conforme a pureza de suas metas, emerge o potencial criativo desses grupos. Começa como semente, torna-se botão e abre-se em flor cujo aroma já se faz perceber nos níveis internos da vida.

Seguindo a lei da necessidade, esclarecimentos são dados em cada etapa do trabalho evolutivo de uma pessoa estudiosa ou de um grupo; informações são transmitidas com o tom e a energia corretos para cada momento, pelos meios de contato mais viáveis nas diferentes circunstâncias. Vivemos tempos de bênçãos.

Em meio às cinzas da destruição
emergirá, incólume, a ave sagrada,
que alcançará os Céus.

Parte I

O primeiro peregrino

1

— Ó peregrino, por quem chamas? Por que bates a esta porta?

— Irmão, há muito estou a caminhar; tenho fome, frio e sede; busco justiça, busco perdão, busco encontrar o meu grupo. Dele me distanciei no passado, distraído pelas belezas efêmeras do percurso; entreguei-me aos prazeres, meus olhos obscureceram-se, meus ouvidos ensurdeceram-se, já não sabia por onde andava. Fiquei apartado da realidade. Agi contra a Lei, bem sei que assim foi. Sofri, muito sofri, e em meio à dor despertei: meus olhos então se abriram, e meus ouvidos escutaram. Vi a Luz vir ao meu encontro, compreendi seu apelo. Prontamente decidi atendê-lo e retomar a senda; todavia, muito teria a caminhar. Longo tempo se passou, não sei ao certo quanto. Parece que há vidas estou buscando. Quero, acima de tudo, reunir-me aos que seguem essa Luz, aos que cumprem a Vontade Suprema. Já não tenho escolhas.

— Pois digo-te, peregrino, nunca deixaste de ser acompanhado por essa Luz. Mesmo quando estavas perdido em meio às trevas, ela habitava teu interior; porém, encontravas-te embevecido pela ilusão das formas e não podias distingui-la. Foste chamado muitas vezes, mas despertaste a tempo e, com teus próprios pés, chegaste aqui. Digo-te: se estiveres disposto a lavar-te do passado, a perdoar teus irmãos, a morrer em vida para entrar na verdadeira Vida e a transcender afetos para deixar-te absorver no Oceano de puro Amor, bateste à porta certa. Poderás então entrar, e já não serás o mesmo: terás na Luz a sabedoria; no Amor, a fortaleza; no

Poder, a glória. Mas, se tens medo ou dúvida, ainda não estás pronto para tal liberdade.

— Confirmo meus votos. Curvo-me com reverência e gratidão; orando, entrego minha vida Àquele que tudo criou. Que seja feita a Sua Vontade.

2

No princípio do teu caminho encontrarás um veio de águas cristalinas. Deixa, peregrino, que essas águas lavem teu corpo, mergulha-o na sua rasa correnteza e purifica-o. Elas te ensinarão a sabedoria da renúncia, sem a qual não conseguirás caminhar. Limparão os teus olhos e então poderás ver que a Vida, mesmo se te nega algo com suavidade ou com violência, na realidade nunca te limita, mas te leva pouco a pouco à liberdade.

Não esperes um caminho de gozo; trabalhosa, porém bela, é a trilha que conduz à Paz e à Verdade. Como fiel companheira terás a energia do Amor, e com ela te amalgamarás quando provas mais fortes se apresentarem a ti. Assim, pouco a pouco serás moldado segundo tua verdadeira e sublime face interior.

Se quiseres encontrar uma pérola, deverás buscá-la no fundo do mar. Se quiseres apreciar a beleza de uma flor, deverás colocar-te diante dela com reverência. Se quiseres descobrir o novo, deverás ir à Fonte de tudo o que é criado, e que jamais se repete. Nessa senda não palmilharás trilhas que pés humanos podem pisar. Essa é uma senda interior, e a Luz que a ilumina e a leva a resplandecer nasce da aspiração que se transformou em entrega. É uma senda que eleva o ser ao que não tem começo nem fim, para ele depositar ali sua fé.

Aprende a reconhecer a vertente que alimenta toda a Criação, e não deixes teus olhos se enganarem com brilhos fugazes. Busca a chispa do Fogo que nem a água nem o vento podem extinguir, Fogo que jamais se apaga e que permeia a existência inteira.

3

Ó peregrino, se o ritmo dos teus passos é regulado por fatores materiais, não percebeste ainda a premência do Encontro. A união com a Luz ainda não calou os clamores da tua carne, tens ainda outros cuidados além da dedicação à Verdade.

Se ao prosseguires teu caminho receberes flores, doa-as, para embelezarem as paisagens desérticas da vida humana. O vulgar deve ceder espaço ao sagrado. Onde encontrares solo fértil, lança as sementes das plantas sagradas, e deixa a sabedoria da vida conduzir seu brotar. Não reclames direito algum; despido vieste ao mundo e despida deves manter a consciência, pois todo supérfluo torna-se motivo de engano e turvação.

Mais vale a obediência silenciosa à Lei Interior que muitas palavras de promessa e boas intenções.

É preciso dar tempo para o Tempo cumprir-se; não cries expectativas, não macules tua entrega com anseio por recompensas; não temas o futuro; tampouco busques salvação para ti, esquecendo-te dos demais.

A semente lançada na terra deve germinar,

criar raízes, estender os ramos em direção à Luz. Receberá os embates dos elementos, e com isso se fortalecerá, se tornará planta adulta, cumprirá etapas e ciclos.

E chegará o dia em que seus rebentos se abrirão em flores de suave perfume, sagrada promessa do que está reservado ao mundo dos homens.

4

— Ó peregrino, por que interrompeste a caminhada? que estás a buscar?

— Busco, Irmão, encontrar Aquele que me poderá guiar por essas trilhas da Luz, trilhas que conduzem à entrega ao Supremo.

— E por que dás tantas voltas por lugares inóspitos?

— Estou perdido entre muitas direções. Olho em torno e não vejo sinal algum, mas apenas discórdia, luta e morte. Andei lado a lado com a dúvida, dormi no leito do temor, cheguei a esquecer o que buscava. Sofri. Lembrei-me então novamente da busca, e voltei a caminhar. Todavia, não sei por onde vou.

— Pois digo-te, a sinceridade é o maior dos bens que agora trazes no alforje. Mas não busques alhures o que se encontra em teu interior. Aquieta-te, filho da Terra, aquieta-te e perscruta teu íntimo. Silencia teu querer, oferta-o ao Supremo. Silencia... e aos poucos começarás a ouvir a nascente que brota do teu coração. Persiste em tua oferta, e dessa fonte jorrará a Água de Vida para lavar o mundo terrenal, e a Luz da Sabedoria para conduzir teus irmãos. Permanece entregue, e conhecerás teu Mestre — mas somente quando não mais existir quem está a se entregar. Ama. Ama com ardor e pureza O que tudo criou, pois é no amor ao Infinito que se romperão os véus que te separam da Eternidade.

Não alimentes o que deve morrer; não semeies o que não deve nascer. Reconhece as dádivas que dos Céus recebes e acolhe-as com silenciosa gratidão, pois somente o coração alado pode alçar vôo aos Mundos distantes.

Corajoso peregrino, assumiste ingressar no caminho da provação. Deixa-te purificar, para poderes pisar o solo sagrado. Não carregues nada que venha a macular os universos puros aos quais te diriges. Esvazia-te das manchas da natureza humana, ou serás cegado por suas trevas. No percurso sorverás ainda o amargo gosto do sofrimento advindo dos teus erros passados e abraçarás a neutralidade.

5

Quem teme perder a própria vida não pode receber os dons da Eternidade.

Quem teme ser desconsiderado pelos homens não pode, em plenitude, fundir-se na Vida celestial.

Mas quem se entrega ao Supremo e nada retém compreende o chamado das estrelas e, percorrendo a estreita trilha da renúncia, chega aos altos cumes, portais da redenção.

Subjuga tua natureza inferior; oferta-te em plena consciência Àquele que te concedeu a Vida e deixa-te mergulhar no centro dessa Fonte inesgotável.

Cada virtude em ti despertada alça-te além do bem e do mal, da alegria e da dor. Vela por elas, delas faz teu tesouro, pois é no seu desabrochar, florescer e frutificar que encontrarás alimento para chegar ao final da trajetória.

Não queiras nomes, pois aprisionam a mente; não ambiciones posições, ou ficarás atado ao viscoso solo que te ilude com seu brilho fugaz.

Para ti é ainda difícil compreender a Divindade porque ela nada toma para si e, mantendo-se livre de todas as formas e de todos os conceitos, permanece imaculada.

Se tua pequenez se evidencia diante da imensidão das esferas celestiais, compreende a silenciosa mensagem que o fulgor das estrelas procura te transmitir.

Lembra-te, há leveza no vôo das pequenas aves.

Escuta, peregrino: reconhece nas coisas efêmeras a marca da imortalidade; ao transitares pelo mundo das formas mutantes, deixa-te permear pela realidade imutável.

O véu se dissolverá ante tua entrega, mas primeiro deves reconhecer a Lei. Não há passo que não possa ser dado nem caminho que não possa ser percorrido por quem reverencia o Sagrado.

6

Aprende das ondas do mar o cumprimento das fases; aprende da sucessão das estações a vivência dos ciclos. Aprende da flor a pureza da entrega e, das abelhas, o serviço grupal. Segue, peregrino, as indicações do teu Caminho de Luz.

Ensurdece-te aos chamados do mundo, cala-te aos seus clamores, esquiva-te de atos incorretos, cerra os olhos às visões profanas, renuncia ao gosto do que te ata às ilusões. Ao conduzires os sentidos como um hábil cavaleiro, faz despertar faculdades ocultas, não para teu deleite, mas para redenção e serviço.

Essas faculdades serão as lamparinas que mostrarão o caminho aos que ainda não puderam libertar-se; serão a cálida chama que lhes aquecerá o coração, despertando-os para uma vida fraterna e espiritual. Segue, ardente buscador, faz dos sentidos colaboradores do Senhor, ensina-lhes a adorar o Único.

Lembra-te de que tua vida não mais te pertence, lembra-te de que tu é que pertences ao Infinito.

És filho do cosmos, herdeiro da Grande Morada. Desperta, viemos a ti trazendo o teu Legado.

Sagrados são os sons que escutas do porvir; celestial é a sua vibração; puros, os bálsamos que dele emanam. Vem, peregrino, o Portal do Templo se abre à tua espera.

A escura noite que estás a cruzar prenuncia a alvorada. Trilhas o caminho da retidão, o caminho da entrega, o caminho da Lei. Do silêncio assimilaste o amor puro e verdadeiro, no silêncio aprendeste a entregar-te ao Criador. Sabes a que Senhor pertence tua vida, teu labor e tua dedicação.

Os sinos do mundo interior chamam-te para o Encontro. Na tua alma, vozes angelicais entoam teu Nome. Teu espírito eleva-se — renunciaste à vida, peregrino, para na Vida finalmente nasceres.

7

Peregrino, a simplicidade é o aroma que exala das flores da Sabedoria. Quem se entrega à condução da Lei nada tem a afirmar; é aprendiz do aprendiz. Nada cria como fruto do seu próprio conhecimento.

Peregrino, sábio é quem acolhe a quietude e, silenciando sua natureza terrena, se aproxima do espírito; sábio é quem se recolhe em seu centro e se deixa banhar em suas vigorosas nascentes, fontes de águas límpidas e transformadoras. Cuida, pois, em que tuas palavras não estejam repletas de formosura e vazias de verdade, e em que teus atos não reneguem tuas virtudes. Acolhe a humildade silenciosamente, velando para que o orgulho não a ensombreça.

Peregrino, infinito é o tempo para quem se entrega à eternidade. Sua existência não tem começo nem fim, os dias não podem contê-la ou limitá-la. Nenhum obstáculo impede a realização de sua meta interior; misteriosa para os céticos, essa realização ocorre no centro do ser e, quando a consciência a ela se entrega, uma energia transformadora penetra invisivelmente no âmago de cada célula e de cada átomo teu. Encontrando ali a luz adormecida, desperta-a para seu curso no cosmos infinito.

Liberta a vida limitada a teus corpos; retira as resistências que se opõem à onipotência do espírito. Deixa-o reger o que lhe pertence e dá asas à tua eternidade.

Sete sílabas, entretecidas ao silêncio dos cinco amantes da Luz, compõem a palavra que deverás proferir. Tua chegada ao Reino é o início de uma nova fase na vida cósmica do teu ser — e também na vida do teu grupo. Mantém-te atento e vigilante, pois ainda tens a noite a transpor. Até que possas penetrar o Portal do Grande Templo e, sob a égide do teu Grupo Interno, ser batizado pelo fogo, estarás pisando o movediço solo de um planeta em purificação. Resguarda-te de desvios. Todavia, o céu que agora contemplas já reflete as luzes da Cidade Sagrada. Tens nelas a sinalização da tua trajetória, a proteção e a certeza da meta a ser atingida.

Além do espaço e do tempo, mais profundo que tua respiração, está Aquilo que vela teus passos, Aquilo de onde emana tua existência. Perscruta teu coração e nele encontrarás os raios do alvorecer.

8

Ó peregrino, quantas batalhas venceste para veres a Luz? O passado vela tua dedicação e teu esforço; o futuro guarda as sementes do incognoscível; o presente, as chaves da tua libertação.

Não há caminho autêntico que possa ser traçado pelos homens, nem vitória verdadeira que tenha como base a recompensa. Os lauréis devem arder no fogo da entrega, pois quem os recebe e a eles se apega perde a visão da realidade.

Desde o início dos tempos tiveste a trajetória

traçada, e mesmo teus desvios estavam previstos. Todavia, agora despertaste, e após tantas lutas aprendeste a manejar a espada e a vencer o inimigo; maior, portanto, é tua responsabilidade, e já não podes deixar-te levar pelos enganos do Caminho.

Ó peregrino, eleva os olhos e contempla o Infinito: Ele é a tua Morada.

Pode haver maior gratidão que a nascida de um coração tocado pela presença divina no seu interior? Pode haver maior fé que a do homem que, caminhando no escuro, segue a Luz?

Nos tempos que se aproximam é preciso integral vivência da fé, completo esquecimento de si, certeza inabalável de estar sendo guiado e obediência incondicional às indicações internas. Milagres surgirão como flores celestiais entre a cinza do viver humano. Deixa o ínfimo, para que o Infinito se aproxime.

9

Ainda antes que o céu te oculte as estrelas, haverás de penetrar o primeiro portal. Até que o novo alvorecer ilumine todos os rincões desta Terra, aprenderás a caminhar destemido, sob o fulgor da fé.

Caminhaste na Luz; agora prepara-te, pois ora em diante deverás ser a própria Luz.

De que vale dizer aos homens que saciem a sede se não lhes for mostrada a Fonte?

A essência do homem é como uma pérola caída na lama. Ainda que encoberta, existe no interior do ser, e sua tonalidade define o destino dele.

Recolhe, caminhante, as gotas que da Fonte celestial descem sobre ti, e com elas lava os pés de teus irmãos, para que também possam encontrar o Caminho.

— Que fazer por meus irmãos, se nem ao menos me querem ouvir?

— Dá água de vida aos que têm sede de espírito.

Quem clama por justiça ainda não despertou para a verdade da Lei, mas quem faz da justiça alimento vivo, sem esperar compreensão dos demais e sem tentar deslindar os desígnios do Alto, vive a bem-aventurança dos que penetraram os segredos do cosmos.

Sua fidelidade desvela a realidade subjacente em cada fato da vida; sua fé nutre a tocha portadora do fogo celestial que, tendo-lhe sido entregue, é levada ao mundo dos homens como serviço ao Criador.

10

— Que direção tomaste, peregrino?

— Venho pelas trilhas da Lei, Irmão.

— Por quantas encruzilhadas passaste?

— Por cinco vezes tive de deter-me até descobrir aonde ir. Ao longo do percurso recebi muitos convites e dadivosas promessas para ingressar em vias secundárias. Entretanto, não os aceitei, pois conheci no passado o gosto amargo do desvio. Aprendi, Irmão, que para seguir o Caminho da Lei deveria ter humildade e fé, deveria entregar-me ao Supremo. Também aprendi, com o sofrimento e com a dor, que sem sinceridade e perseverança não poderia empreender tão ousada jornada.

Caminho semelhante não há: estreito que é, por pouco que me distraia, posso extraviar-me; retilíneo, oculta no horizonte seu princípio e seu fim. A cada passo traz um novo aprendizado, uma tarefa e uma prova. Meus dias tenho vivido a trilhá-lo, e por eles dou graças ao Supremo.

— Bem sei que estás a dizer a verdade. Agora que passaste pelas cinco grandes provas* e que também em meio às pequenas provações te mantiveste fiel, alcançarás um novo e estreito portal: ao cruzá-lo, uma grande estrela se revelará a ti e, com sua luz transparente, iluminará tua senda. Já não conhecerás felicidade ou tristeza; serás, cada vez mais plenamente, imbuído da

* As cinco grandes provas a serem superadas no estágio indicado são: a soberba, a lassidão, a mentira, o furto sutil (ou o uso incorreto da energia) e a covardia.

bem-aventurança eterna. Serás então reconhecido e amado como o filho-irmão que retorna à Morada Celestial.

Vem. Adianta teus passos, tens a bênção do cosmos.

11

Silêncio absoluto. Nenhum movimento no espaço cósmico. O Nada preenche o Grande Vazio.

Perante a infinita glória da eternidade, o peregrino se cala, pois qualquer palavra é vã para exprimir o Inefável.

Uma pequena centelha se acende. É o despertar. Dessa centelha emerge um vórtice de luz que em movimento giratório vai penetrando o espaço cósmico. Inicia-se uma nova etapa.

Aquele que está sendo alçado aos universos espirituais vela em silêncio pelas riquezas interiores que lhe são confiadas. Em profunda reverência ao Supremo, vê ampliar-se o manancial que lhe chega para ser colocado a serviço do Todo. Incomparável paz encontrou na rendição da sua natureza humana. Essa natureza, movida por uma fé inabalável, entrega-se ao desconhecido, que revela a Divindade.

Na piedade o peregrino encontra a consagração do amor; na doação, o enobrecimento do serviço; na entrega, a perfeita comunhão com a vida; no auto-esquecimento, a plenitude da Verdade.

És agora chamado para um serviço que te pede a transcendência do estado em que este planeta se encontra. Assim, aparta-te dos últimos desejos. Amordaça-os com as faixas da vontade, para que se enfraqueçam, e cada vez tenham menor poder sobre ti.

Retira os olhos das coisas evanescentes, coloca-os na eternidade e absorve o fulgor do fogo da redenção. Deixa arder nesse fogo teus projetos, tuas aspirações e tuas buscas. Nada, a não ser a entrega de todo o teu ser ao Regente Interno, deve constituir para ti motivo de empenho.

Se teu esforço é pela liberdade, desvia com firmeza o olhar, o querer e o pensar do que ainda te enreda em promessas de gozo. O prazer é mão traiçoeira que prende enquanto acaricia. Renuncia aos seus afagos e segue resoluto em direção à Luz.

A Sabedoria traspassa as paredes do labirinto da vida, toca-te o coração e ilumina-te a consciência.

Para sorveres o néctar ocultado em teu interior, transforma tuas derradeiras resistências, entregando-as ao que conhece a liberdade. Para entrares nesse labirinto encontraste um amplo portal, mas estreita é sua saída e somente os humildes podem por ela passar.

12

Quem busca o saber humano colhe cinzas e espinhos; quem se entrega à Luz, sem nada conhecer, tudo sabe.

O verdadeiro peregrino esqueceu-se do seu nome, esqueceu-se do seu passado, esqueceu-se do seu destino — apenas está a caminhar. Seus passos não deixam marcas, seu corpo não projeta sombras, ele e a Luz tornaram-se um, seu destino transformou-se no Caminho, e sua entrega, na vida do Criador.

— De onde, Irmão, provêm esses sons que meus ouvidos jamais escutaram?

— Quando o silêncio de idéias, o silêncio de necessidades, o silêncio de intenções e de projetos pessoais te permeia por inteiro, despertando sentidos ocultos, podes perceber a vibração que a Vida Central do universo, preenchida do mais elevado amor, envia às criaturas que a ela se dirigem.

Mas quem é portador da chama não percebe sua própria Luz. Avança em meio à escuridão, embora pleno de fé; seus passos abrem caminhos, e a Luz que ele irradia ilumina o trajeto de seus irmãos.

13

És chamado a servir. No percurso de volta à Morada, a doação te abrirá as portas de um novo tempo. De par em par elas acolhem aquele que, esquecido de si, supre a necessidade dos irmãos e faz da vida que o anima alento dos que padecem.

Mantém o coração para sempre aberto à necessidade do mundo. Não alcançarás a união suprema enquanto a buscares por ambicionar o progresso. O egoísmo pertence à obscuridade e, se agires em proveito próprio, mesmo que furtivamente, essa obscuridade te envolverá e assim bem longe estarás da pureza da entrega.

Nova fase de contato com a Irmandade inaugura-se nestes tempos. Com freqüência seremos percebidos nos mundos sutis, na vida de sonhos e também na vida de desperto dos seres humanos. Daremos a eles instruções diretas. A alguns transmitiremos o dom da visão, a outros, o dom da cura e a muitos, a capacidade de humildemente conduzir seus irmãos pela Senda do Resgate. São dons necessários para atuar corretamente nos dias que se aproximam.

Novas partículas de Amor Cósmico estão sendo introduzidas na órbita da Terra; em teu interior conhecerás esse Amor e serás arrebatado de volta à tua Morada. Viajarás pelo cosmos, liberto do que ainda te prende à densidade.

Partiremos em silêncio e em silêncio te revelaremos os segredos da eternidade; em silêncio chegaremos e, unidos, seremos uma só Luz. Assim o Encontro se terá consumado.

Nossa Irmandade está presente em teu ser, está atuante em teu planeta; viemos cumprir o prometido. Tens a Luz a teu alcance, deixa que ela se aproxime, nada temas; estás sendo protegido por ela.

Cultiva o puro Amor, cultiva a perfeita doação do teu ser, cultiva a silenciosa entrega. Aguarda, ardentemente. Com a devoção tece os fios da tua veste celestial, com a gratidão abre a porta para que nos acerquemos sempre mais de ti.

Dizemos-te, atenta ao que te está sendo transmitido, não te afastes jamais deste Caminho, pois o dia do Encontro Maior não tarda.

14

Que sinais te traz a estrela da manhã? Aprende, peregrino, seu idioma, pois ela te revelará as chaves do Encontro Maior.

A vida celestial aguarda os convidados para esse encontro. Não te preocupes com teus trajes, pois uma sublime veste, tecida com fios de pura luz e devoção, está preparada para ti. Tampouco retardes teus passos sob nenhum pretexto, pois deles dependem muitos de teus irmãos.

Parte II

O segundo peregrino

1

Escuta-me, tu que recomeças. Se usares uma pequena lanterna para iluminar um quarto escuro, por melhor que a focalizes jamais verás o que se encontra além do quarto. Semelhante a essa lanterna é a consciência humana sem o ensinamento provindo da Fonte de Vida.

O ensinamento está gravado nos arquivos celestiais desde o início dos tempos, mas cabe ao homem ir ao encontro dessa dádiva. A trajetória de cada ser, desde o começo até o retorno à origem, está também escrita nos céus — como caminho a seguir, como potencial a realizar. Mas nem todos compreenderam isso.

Agora que parte do reino humano está à porta da redenção, deves confirmar teus votos e, inteiramente entregue à Vontade Suprema, cruzar certos umbrais e deixar para trás o engano.

Tremenda dor oprime o coração dos mortais: a dor dos que, tendo um dia visto a Luz, não a quiseram seguir; tendo ouvido o Chamado, não o atenderam; tendo sido visitados por Nossos Mensageiros, fecharam-lhes as portas.

Essa é a única dor verdadeira. Aos inocentes que cultivam com simplicidade e pureza a fé e o amor à Vida e padecem neste ainda obscuro planeta é feita a promessa dos tempos vindouros.

O cumprimento da tarefa maior, parte de um plano infinito, não é para ser cerceado pelas condições do viver humano.

Assim como o homem não sabe qual é o curso do vento, ele também desconhece o movimento infalível da Graça. Para quem recomeça, é necessário desapegar-se de tudo, de modo que a pura fé possa emergir do coração.

Sem que o ser se abra à Vida, não há real serviço. Ele deve ser capaz de manter o corpo físico, o emocional e o mental em sintonia com esferas elevadas, e isso ocorre gradualmente pela Graça.

2

— Onde posso, Irmão, encontrar a água que me saciará a sede?

— Caminha rumo à estrela que te guia.

— Mas como poderei fazê-lo, se não tenho forças para dar os passos? Meus corpos parecem formados de uma matéria densa e tão pesada...

— Concentra toda a tua atenção na estrela que brilha diante dos teus olhos. Somente sua Luz poderá dissolver a ilusão trazida por tua identificação com os sentidos.

Segue essa trilha e jamais desanimes, pois a fortaleza oculta-se na perseverança; e antes de seres banhado pela Luz dessa estrela não poderás desatar os laços que te prendem à Terra.

Teus pés ainda tocam o solo material deste planeta. Deves, pois, diferenciar as etapas do caminho. Só quando chegares ao alto e te entregares ao Infinito iniciarás tua trajetória cósmica. Então, mesmo que venhas a estar em um mundo denso, servindo, já não andarás por suas trilhas, não pisarás no seu solo, mas serás como as estrelas que do céu indicam o rumo aos viajantes.

A cada ciclo haverá uma nota, um som, uma palavra de poder, um novo portal a ser cruzado e um véu a ser removido. O que está em cima reflete-se embaixo — foi-te dito no passado — e em teu interior se encontra a Realidade.

3

— Como vencer o medo, se está entranhado em meus corpos como a ferrugem na âncora de um navio?

— Esquece teus corpos; esquece o medo; esquece a âncora e esquece o navio. Coloca a atenção na meta e, se o medo se acercar de ti, ignora-o e avança; não creias nele, pois na realidade não existe. Deixa-te tocar pela Verdade, e o medo se esvaecerá.

De nada duvides, pois ainda antes desta etapa se encerrar, presenciarás muitos milagres e do "nada" verás surgir o necessário.

Muito antes de haveres pensado em te devotar à Verdade, ela já pulsava em teu interior. A Verdade é a chama que dá alento, forma e expressão ao ser; é a Vida que corre em tuas veias, que anima teu sentir e teu pensar; é a base da existência desde o nível espiritual até o material; é única, eterna, imutável, ainda que revestida de mil aparências. A Verdade oculta-se em todos os lugares e permanece intocada, incólume, virginal.

Se pretendes alcançá-la inteira, estás no caminho incorreto; se quiseres desvelá-la, cairás em ilusões. Toma a trilha do auto-esquecimento, e não dirijas teu querer a parte alguma. Esvaziando-te de tudo, serás preenchido pelo que não pode ser descrito, nem revelado aos sentidos — serás absorvido na magnífica chama da revelação.

4

Parte da humanidade do teu planeta não está ainda preparada para conhecer realidades superiores. Seu grau de compromisso com as forças do caos é demasiadamente alto para que energias mais elevadas se lhe revelem. Mas ensaios para contatá-las podem-se efetuar como preparação para etapas futuras.

A devoção é uma chispa do Fogo que eleva a humanidade. Abre a alma ao espírito, e o espírito ao Infinito. Arrebata o peregrino, levando-o às mais sublimes moradas no universo cósmico. Está no impulso que o conduz às profundezas do oceano da consciência em busca da pérola de perfeição. Está no esplendor das naves que, silenciosas, cruzam o céu, glorificando Aquele que as envia em serviço. Está na redenção do homem que, mesmo sem compreender totalmente a realidade supramental, curva-se a ela, pois a devoção o ilumina, fazendo-o ver a pequenez da matéria ante a grandeza do Espírito. A devoção é o impulso que faz o aspirante prosseguir, ainda que os embates da vida tentem exaurir suas forças. Movido por ela, encontra energia para avançar mesmo em meio à escuridão da noite, na certeza de que uma alvorada mais bela prenuncia tempos novos nesta Terra.

5

Naus celestiais chegaram outrora aos teus portos, mas recusaste receber seus sublimes mensageiros. Perfumes de flores foram derramados sobre ti, mas preferiste odores mais grosseiros; tiveste muitas oportunidades, mas não pudeste reconhecê-las.

Caminhos de Luz abriram-se ante teus olhos; contudo, escolheste vias obscuras, cuja penumbra podia encobrir teus erros. Muitos avisos te foram dados. Uma cruz foi carregada para ti; porém, não entendeste que a vida material devia unir-se à espiritual.

— Quem poderá conhecer o mistério da cruz?

— Ontem, os que se fundiram no seu centro; hoje, os que terão de carregá-la; amanhã, os que, tendo recebido a sublime energia de níveis elevados, cumpriram sua parte na vida material e compreenderam o segredo do sacrifício.

— Que fazer, Irmão, para redimir meu escuro passado?

— Dedica tua vida ao Supremo.

— Como alcançar tão elevada Graça, e poder fundir-me na Luz que ilumina esse Caminho?

— Esquece tua existência; esquece teu passado e teu futuro. Esquece que estás a caminhar e que tens um destino. Consagra-te com pureza à eternidade e descobrirás a pedra preciosa oculta em teu interior, cuja radiância é promessa de redenção.

O que está em cima está embaixo; o que está fora está dentro. Não há o que não possa refletir-se no Espelho que tudo criou.

Avança. Ouve, toca, vê, sabe e cala.

E torna a avançar.

6

Nem a santidade, nem a alquimia material; nem a singela entrega, nem a disposição para a batalha; apenas o Vazio é a chave dos eleitos.

De alto a baixo o Plano Divino se realiza e cumpre seus desígnios. Perguntas sobre a presença de forças obscuras na Terra. Podemos dizer-te que são a escória que flutua no metal em ponto de fundição e se torna parte dele quando está sólido, em seu estado natural. Mas sob o Fogo do Espírito o metal reencontra a pureza de origem, sua verdadeira face.

Os homens que optaram por servir aos senhores das trevas elevarão a voz aos céus, clamando por misericórdia. Tiveram éons e éons para retomar o caminho da Lei e ingressar na Fraternidade da Luz. Foram chamados desde sempre. Incontáveis oportunidades lhes foram oferecidas, mas em seu rosto sempre esteve estampada a insinceridade.

Os fracos permanecem no ponto alcançado, quando não retrocedem. Os fortes percorrem a senda do Espírito.

— Irmão, que posso fazer para recuperar o tempo perdido?

— Entrega-te à Luz que te chama desde sempre.

— Irmão, como prosseguir, quando meus corpos sentem tantas dores?

— Entrega-te à Luz que te atrai ao Alto.

— E como posso deixar para trás tanta gente, caída em vales escuros?

— Entrega, também esses, à Luz que te ilumina, mas não te detenhas; tampouco voltes para ampará-los, pois somente da Luz a Luz pode fazer-se. Converte-te na própria Luz, como fizeram teus antecessores que foram pioneiros.

7

Segue tua jornada sem dispersar energia com imaginações. A ti é pedido entrega, serviço ao Plano Evolutivo e cumprimento imediato da tarefa que te foi confiada; a pretensão de atingir patamares elevados apenas retarda teu avanço. Terás o que necessitares.

Hás de manifestar discernimento por meio de um sentido interior que te fala no silêncio do ser e, passo a passo, hás de cumprir o que te é indicado. Não esperes recompensas, tampouco reconhecimento. É nos campos solitários e nos cumes desérticos que nascem as mais belas flores. São tão pequenas em tamanho que passam despercebidas, mas tão grandes em esplendor que glorificam a Fonte da vida e refletem, com perfeição, o arquétipo que lhes deu origem.

Deves, também tu, desabrochar como essas criaturas. Nada sabem de sua pequenez ou de sua grandeza; apenas louvam e, ao louvarem, erguem-se aos céus. Seguem o ritmo das estações. Sua essência está não só nas sementes, mas também no pólen, nas raízes e nas folhas.

Tu, comunga da Existência Única.

8

Não há dois rumos para ti que puseste os pés na senda do Espírito. Nela, estreita trilha leva-te ao Grande Portal e magnífica Luz te guia, mesmo que ainda não possas percebê-la. Portanto, não te detenhas; faz como o diligente mensageiro, que viaja também durante a noite, pois reconheceu a urgência da tarefa.

Para ingressares numa etapa mais avançada do Caminho, não te deixes influenciar pela ilusão. Sê, como disse Cristo, simples como as pombas e sábio como as serpentes.

Estás aprofundando-te num universo em que não

existe início nem fim. Tal é a realidade para ti agora.

A mente do homem deste planeta enrijeceu-se e seu coração embruteceu-se devido às escolhas que ele fez, dirigindo-se à densidade. Para alcançar a Revelação é preciso pureza; é preciso fidelidade e fé.

A resposta do homem à convocação do Alto deve fazer brotar o que hoje ele tem em potencial e desvelar, grau por grau, o que lhe esteve desde sempre reservado.

Na escuridão terás teus passos iluminados; se estás decidido a ir adiante, avança. Mas se a dúvida ainda percorre tua mente e corrói a porção da consciência que busca entregar-se com mais perfeição, não conseguirás cruzar os portais que se abrem a ti. Primeiro lava-te nas águas puras da decisão, deixando-te transformar pela energia que vem do teu interior.

Não é o teu ser consciente que te guia, mas

teu espírito. Assim, cumpre o que te está destinado e, em silêncio, penetrarás os recônditos do Reino.

E lembra-te: ouve, toca, vê, sabe e cala.

A cada portal encontrarás essas regras. Haverás de segui-las, e cada vez que as vires inscritas nas paredes dos vestíbulos em que fores ingressando, com maior profundidade deverás penetrá-las.

9

Quem busca a Fonte a ela chegará, quem procura a Verdade a encontrará, quem se entrega ao Infinito será por ele absorvido.

Mas à Fonte o buscador chegará quando esquecer que a procura, a Verdade ele encontrará quando deixar de ir ao seu encalço, e o Infinito o absorverá em seu seio quando ele, homem, transcender a si mesmo.

Ao te doares por inteiro, nada esperando da vida ou da morte, conhecerás a fragrância da unificação.

O Guardião dos Ciclos abre-te a porta do

Santuário Central. Ingressa, pois estás sendo convocado para o Encontro.

Existem elos a serem construídos para reatar a corrente de vida terrestre ao fluxo da existência cósmica. Alguns dos seres que se auto-elegeram para essa tarefa foram aceitos. A esses escolhidos devem ser dadas as ferramentas para levarem-na adiante.

As portas dos Templos internos estão abertas. Em silêncio, cada peregrino descobre seu lugar na Grande Sala, a Morada dos Aceitos, onde a paixão foi superada pela razão, onde a razão foi absorvida pela intuição e não mais encontra fios para tecer suas redes; onde a aspiração foi suplantada pela entrega e onde as buscas desvanecem-se na sabedoria. Aí está a verdade de cada um que se elevou; aí está a essência de todos, que num tempo eterno jamais se desprendeu deles, mas que na vida material pouco é reconhecida.

Em símbolos e em verdades cifradas, nesses Templos está o alimento que nutre a chama interior dos homens. É desse Fogo misterioso, que não queima mas transforma, transmuta e converte a terra em ouro, é desse Fogo que surgirá a "face" que se imprimirá nos homens que por ela buscaram. A partir disso se erguerá a realidade, e de um mundo de "vida em morte" nascerá a vida da Vida, levada por homens-deuses que terão recebido a marca dos que ***são***.

Acerca-te desses centros de Poder, de Luz e de Sabedoria, onde cada palavra proferida será expressão do Verbo. Em tuas mãos será colocado o Fogo que não queima, pois conheceste os segredos do seu trabalho demolidor e criador. Faz parte do teu caminho aprender a utilizá-lo.

10

Para veres horizontes mais amplos, subiste às altas montanhas. Distante do teatro da vida pessoal, podes banhar-te nos raios da verdadeira existência, que todo dia convida-te a renascer.

Não tentes realizar com tuas mãos o que o Espírito deve fazer em ti. Deixa-te transformar em chama pura de devoção e entrega, e eleva-te ao Criador. Assim, e somente assim, podes ver Sua face sublime refletida em todos os teus irmãos e cumprir para com eles a tarefa a ti designada.

— Que mãos podem receber a chama sagrada?

— Somente as que não são queimadas por ela.

Delicados são os caminhos daqueles em cujas mãos são confiadas as ferramentas para tarefas transformadoras. Cada passo é uma oportunidade de expansão da vida supranatural na Terra, mas é também um risco de perda em favor de forças involutivas. Poucos estão prontos para manter uma estabilidade tal que os livre desse risco.

Principalmente em terrenos mais elevados, quando tua força é acrescida do poder do espírito, lembra-te de que o impacto do teu caminhar é sentido até mesmo por átomos que se encontram a grande distância, muito abaixo dos teus pés.

Fachos de Luz atravessam universos desconhecidos e prenunciam impulsos de verdade e sabedoria. Cabe a ti despir-te dos ornamentos adquiridos no decorrer dos tempos, para envergar as vestes que nesses universos te será dado trajar. Deverás, também, esvaziar as mãos para receber o alimento a ser distribuído neste mundo carente.

Com gratidão, sinceridade e pureza, reconhecerás outros seres na mesma trilha, que nos momentos mais turvos poderão auxiliar-te.

11

Não tarda o dia em que, à luz do Sol, Nossos Mensageiros serão visíveis por todos em teu mundo. Nesse dia, maior ainda será o confronto com as forças retrógradas.

Guarda-te, pois, de qualquer vacilação, e não te desvies da meta suprema que já pudeste reconhecer.

Uma nova realidade já se mostra: a realidade do Espírito que, livre das atrações materiais, eleva a Terra aos céus, trazendo de lá os sagrados ares dos tempos vindouros.

És parte dessa grande Obra, és portador da nova semente. Rega-a, pois, com a água pura da vida interior; seus brotos robustecidos expressarão a promessa cósmica, destino de todos os homens.

Diante do Novo Caminho, o discípulo pergunta ao Irmão Maior:

— Vós que me despertastes de um longo sono, podeis dizer-me como seguir com segurança essa trilha desconhecida?

O Irmão Maior responde:

— Quando mãos se separam, ficam disponíveis para acolher. Quando uma imagem amada se desvanece, no interior do ser abre-se espaço para a essência do Amor ancorar. Quando a gratidão se eleva, surge a face oculta da união.

Onde está a vida senão no serviço, e onde está o serviço senão no completo esquecimento de tudo o que é criado, para que a verdade seja encontrada n'Aquele que tudo criou?

12

— Aonde vais, peregrino?

— Sigo, Irmão, o rastro das sete estrelas que reluzem no firmamento, e vislumbro a constelação maior que só pode ser contemplada quando elevamos os olhos além do Céu e da Terra.

— E que te diz essa constelação maior?

— Seu cântico é inimitável: sublime louvor, conduz todos os viajantes de volta à Morada. Até mesmo os deuses procuram escutá-lo, e a vida do Supremo Criador vibra incessantemente, livre, no seu pulsar.

Então, com humildade, exclama o peregrino:

— Ó existência eterna e cósmica, estreita trilha que nos alarga horizontes, elevai-nos ao vosso seio para entoarmos a nota, o som primordial que desde o início dos tempos aguarda nosso despertar para revelar-se. Em vós ansiamos ingressar, pois sois bendita aos olhos do Supremo Criador.

13

Prosseguindo rumo ao Desconhecido, ao viajante é dado tudo conhecer. Nada desejando saber, agora ele ***sabe*** — não por informação, mas por vivência da Lei.

E o que era noite se fez dia; e o que era dia se elevou à própria Fonte da Luz. Aqueles que estavam no alto refletiram-se embaixo, e os que estavam embaixo projetaram-se no alto, compondo uma única e mesma expressão. O Grande Acorde soou, e os ciclos consumaram-se ante os peregrinos.

Uma vez mais realizava-se, no cosmos, o excelso mistério de a vida manifestada ser absorvida na Origem.

Os universos desdobram-se e multiplicam-se numa infinidade de expressões. A vida percorre, de Espelho em Espelho, os recônditos da Criação, conduzindo em fios de luz a essência da Vontade suprema. Vida e forma se unem, dissolvem-se uma na outra para, mais acima, novamente alçarem vôo nos sete céus do Grande Alvorecer.

Em chaves descortinam-se os mistérios; sob véus desnudam-se os segredos. Quem se deixou consumir na sublime transmutação poderá cruzar o Portal que agora se abre na órbita da Terra.

Prepara-te para transpô-lo, pois a trilha do Sol já te foi revelada.

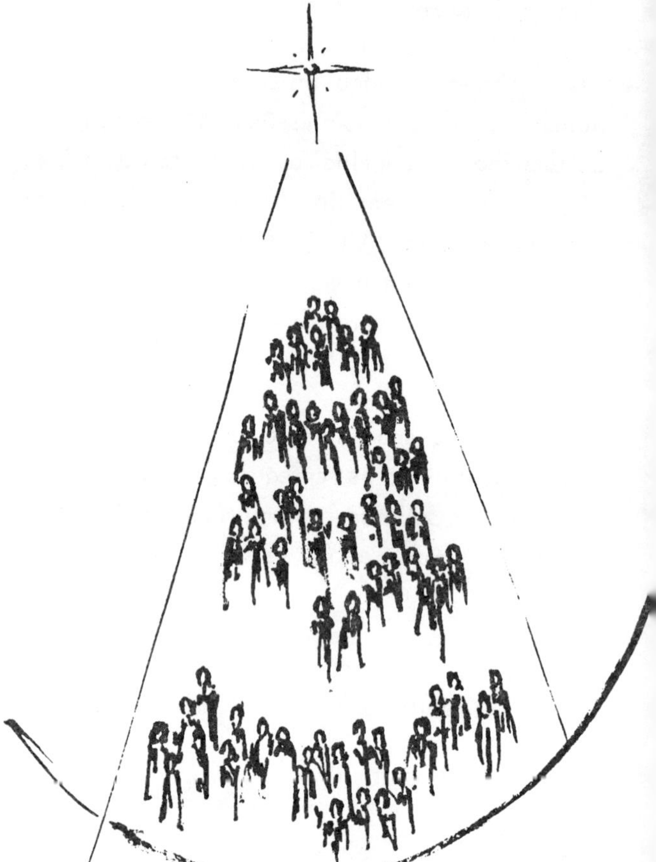

LIVROS DE TRIGUEIRINHO

1987

- NOSSA VIDA NOS SONHOS
- A ENERGIA DOS RAIOS EM NOSSA VIDA

1988

- DO IRREAL AO REAL
- HORA DE CRESCER INTERIORMENTE (O Mito de Hércules Hoje)
- A MORTE SEM MEDO E SEM CULPA
- CAMINHOS PARA A CURA INTERIOR

1989

- ERKS — Mundo Interno
- MIZ TLI TLAN — Um Mundo que Desperta
- AURORA — Essência Cósmica Curadora
- SINAIS DE CONTATO
- O NOVO COMEÇO DO MUNDO
- A QUINTA RAÇA
- PADRÕES DE CONDUTA PARA A NOVA HUMANIDADE
- NOVOS SINAIS DE CONTATO
- OS JARDINEIROS DO ESPAÇO

1990

- A BUSCA DA SÍNTESE
- A NAVE DE NOÉ
- TEMPO DE RETIRO E TEMPO DE VIGÍLIA

Continua ⇨

1991

- PORTAS DO COSMOS
- ENCONTRO INTERNO (A Consciência-Nave)
- A HORA DO RESGATE
- O LIVRO DOS SINAIS
- MIRNA JAD — Santuário Interior
- AS CHAVES DE OURO

1992

- DAS LUTAS À PAZ
- A MORADA DOS ELÍSIOS (1992-1995)
- HORA DE CURAR (A Existência Oculta)
- O RESSURGIMENTO DE FÁTIMA (Lis)
- HISTÓRIA ESCRITA NOS ESPELHOS (Princípios de Comunicação Cósmica)
- PASSOS ATUAIS
- VIAGEM POR MUNDOS SUTIS
- SEGREDOS DESVELADOS (Iberah e Anu Tea)
- A CRIAÇÃO (Nos Caminhos da Energia)
- O MISTÉRIO DA CRUZ NA ATUAL TRANSIÇÃO PLANETÁRIA
- O NASCIMENTO DA HUMANIDADE FUTURA

1993

- AOS QUE DESPERTAM
- PAZ INTERNA EM TEMPOS CRÍTICOS
- A FORMAÇÃO DE CURADORES
- PROFECIAS AOS QUE NÃO TEMEM DIZER SIM
- A VOZ DE AMHAJ
- O VISITANTE (O Caminho para Anu Tea)
- A CURA DA HUMANIDADE

- OS NÚMEROS E A VIDA (Uma nova compreensão da simbologia oculta nos números)
- NISKALKAT (Uma mensagem para os tempos de emergência)
- ENCONTROS COM A PAZ
- NOVOS ORÁCULOS
- UM NOVO IMPULSO ASTROLÓGICO

1994

- CONFINS DO UNIVERSO (Novas revelações sobre ciência oculta)
- BASES DO MUNDO ARDENTE (Indicações para contato com os mundos suprafísicos)
- CONTATOS COM UM MONASTÉRIO INTRATERRENO
- OS OCEANOS TÊM OUVIDOS
- A TRAJETÓRIA DO FOGO
- GLOSSÁRIO ESOTÉRICO

1995

- A LUZ DENTRO DE TI

1996

- PORTAL PARA UM REINO
- ALÉM DO CARMA

1997

- NAO ESTAMOS SÓS
- VENTOS DO ESPÍRITO
- O ENCONTRO DO TEMPLO
- A PAZ EXISTE

1998

- CAMINHO SEM SOMBRAS
- MENSAGENS PARA UMA VIDA DE HARMONIA

Continua ⇨

1999

- TOQUE DIVINO
- AROMAS DO ESPAÇO
- NOVA VIDA BATE À PORTA
- MAIS LUZ NO HORIZONTE
- O CAMPANÁRIO CÓSMICO
- NADA NOS FALTA
- SAGRADOS MISTÉRIOS
- ILHAS DE SALVAÇÃO

2003

- UM CHAMADO ESPECIAL
  (publicado originalmente em inglês com o título
  CALLING HUMANITY)

2004

- ÉS VIAJANTE CÓSMICO
- IMPULSOS

2006

- TRABALHO ESPIRITUAL COM A MENTE

Publicados pela EDITORA PENSAMENTO, São Paulo/SP, Brasil

Toda a obra de Trigueirinho está editada também em espanhol pela EDITORIAL KIER, Buenos Aires, Argentina.

Alguns livros do autor estão sendo editados em inglês pela ASSOCIAÇÃO IRDIN EDITORA, Carmo da Cachoeira/MG, Brasil, e em francês pela LES ÉDITIONS VESICA PISCIS, Granada, Espanha.

GLOSSÁRIO ESOTÉRICO

TRIGUEIRINHO

Com mais de mil verbetes acerca do que se passa na Terra
e no ser humano nesta época de transição,
esta obra vai ao encontro tanto dos que estão despertando para a vida interior, quanto dos que já aderiram a ela.
Esclarece aos que buscam a verdade e anseiam penetrar o lado desconhecido da existência humana, planetária e cósmica.
Mostra que enquanto se colhe a semeadura de ciclos passados, planta-se a vida futura na Terra.

ALQUIMIA, MISTICISMO, LOGOS PLANETÁRIO, ANARQUIA DIVINA, RAIOS, RELIGIÃO, GRUPOS INTERNOS, SAINT GERMAIN, ANDROGINIA, NAVE ALFA, APARIÇÕES DA VIRGEM, ASTROLOGIA, SONHOS, ENERGIA SEXUAL, CONE SUL, BASE DE OPERAÇÕES, CENTRO DE MISTÉRIOS, ARCANJO, NAVE-LABORATÓRIO, CENTRO DE TRASLADO, TRANSMUTAÇÃO, ANTIMATÉRIA, TRANSMIGRAÇÃO, REINO ANGÉLICO, HIERARQUIA INTERNA DA TERRA, ELEMENTAIS, MÔNADA, CENTROS ENERGÉTICOS DO PLANETA, DIMENSÃO, AURA, CORPO GRUPAL, LEMÚRIA, MAGNETISMO, CENTROS ENERGÉTICOS DO SER, VIDA DIVINA, ENSINAMENTO ESOTÉRICO, CONFEDERAÇÃO INTERGALÁTICA, DEVA, MEDICINA, CRISTO, CORPO DE LUZ, ESPELHOS DO COSMOS, CULTURA, MANTRAS, UFO, ETAPAS EVOLUTIVAS DO HOMEM, LEI DO CARMA, CENTRO INTRATERRENO, EXTRATERRESTRES, OPINIÃO PÚBLICA, MEDITAÇÃO, FRATERNIDADE CÓSMICA, RESSURREIÇÃO, NÍVEIS ARDENTES, FILHOS DAS ESTRELAS, OPERAÇÃO RESGATE, IMPULSOS CÓSMICOS, INICIAÇÃO, TRIÂNGULO DAS BERMUDAS, RONCADOR, RAÇA, PASSAGENS INTERDIMENSIONAIS, PIRÂMIDE, MEMÓRIA, MAGIA, IGREJA, FRATERNIDADE DO MAL, PESQUISAS EXTRATERRESTRES, PROFECIA, APOCALIPSE, POLARIDADE FEMININA DO PLANETA, ATLÂNTIDA, PSICOLOGIA ESOTÉRICA, ASHRAM, INTRATERRENO, SIGNOS CÓSMICOS, AVATAR, ESSÊNIOS, etc.

Editora Pensamento

TRIGUEIRINHO

PORTAL PARA UM REINO

Muitos estão conscientes do caminho espiritual,
tanto em seus aspectos filosóficos como no que se
refere à prática, à transformação do próprio ser; todavia,
não conseguem trilhá-lo com o requerido vigor.
Por isso o Ensinamento espiritual indica-lhes
receptividade a energias transcendentes,
energias transformadoras, por meio do puro amor
ao que é divino. Com essa receptividade, o ser se eleva e
se adapta ao novo estado de consciência
que por toda a Terra se anuncia velozmente.

Editora Pensamento